NOUVELLES RECHERCHES

SUR

LA SAISINE

3284-77. Corbeil. — Typ. et stér. de Crété.

NOUVELLES RECHERCHES

SUR

LA SAISINE

PAR

CH. LE FORT

PROFESSEUR ÉMÉRITE A L'UNIVERSITÉ DE GENÈVE

Extrait de la *Nouvelle Revue historique de Droit français et étranger.*

PARIS

L. LAROSE, LIBRAIRE-ÉDITEUR

22, RUE SOUFFLOT, 22

1877

NOUVELLES RECHERCHES SUR LA SAISINE

Die Gewere, par ANDREAS HEUSLER, professeur à Bâle.

Weimar, 1872. 1 vol. in-8 de 502 pages.

De même que la possession en droit romain, la possession en droit germanique (*Gewere*, *saisine*) a été l'objet, dans notre siècle, d'importants travaux. En particulier, l'ouvrage d'Albrecht (1) a été souvent mis en parallèle avec le *Traité de la possession* de Savigny.

D'après Albrecht, la *Gewere* joue, dans le droit germanique, un rôle considérable, qui dépasse la sphère du possessoire et en fait un des éléments constitutifs de la propriété, ainsi que des autres droits réels : ou plutôt, d'après lui, la distinction tranchée entre la possession et la propriété tend à disparaître, pour faire place à la *Gewere*, comportant elle-même plusieurs degrés successifs.

La théorie d'Albrecht sur la saisine a été généralement adoptée en Allemagne, et, grâce à Klimrath, elle a exercé, en France, une influence sérieuse sur la science juridique. Elle formait, en effet, un ensemble régulier, artistement élaboré dans toutes ses parties. Aussi les critiques dont elle a été l'objet, sur des points importants, les modifications qu'elle a éprouvées, n'ont pu ébranler ses thèses fondamentales.

Un jurisconsulte suisse, M. le professeur Heusler, de Bâle, honorablement connu, dans sa patrie et au dehors, par divers ouvrages relatifs à l'histoire du droit, a publié, en 1872, un volume dans lequel il a repris en sous-œuvre la doctrine tout

(1) *Die Gewere als Grundlage des ältern deutschen Sachenrechts.* Königsberg, 1828.

entière de la possession germanique. Il en a suivi le développement, depuis l'époque franque jusqu'à nos jours, non-seulement en Allemagne, mais en Italie, en Espagne, en France et en Angleterre; et, dans ce travail, il est parvenu à des conclusions très-différentes de celles d'Albrecht.

Nous ne savons dans quelle mesure les vues de M. Heusler seront acceptées par les jurisconsultes ; mais, de toute manière, des recherches aussi étendues, basées sur une investigation consciencieuse des documents et des textes, présentent en elles-mêmes une valeur réelle. Elles touchent à l'histoire générale du droit et modifient l'opinion commune sur la situation respective du droit romain et du droit germanique, quant à une institution très-importante. Elles intéressent, à un haut degré, l'étude historique du droit français, dont quelques explorateurs ont invoqué la théorie d'Albrecht, tandis que d'autres ont montré qu'elle ne pouvait rendre compte suffisamment des coutumes et de la jurisprudence du moyen âge.

Aussi nous a-t-il paru utile de résumer, aussi exactement que possible, en simple qualité de rapporteur, les traits essentiels des recherches de M. Heusler et de signaler les conclusions principales auxquelles il aboutit, afin d'attirer sur son travail l'attention des jurisconsultes de langue française.

I

Il existe, d'après M. Heusler, entre la possession romaine et la *Gewere* une affinité plus étroite que ne l'admettent généralement les auteurs de droit germanique. L'une et l'autre, en effet, ont, suivant lui, le même point de départ, le même caractère général. Elles consistent, l'une et l'autre, dans un état de fait, ayant une certaine portée juridique, dans l'exercice d'un droit, produisant divers effets, indépendamment de l'existence même de ce droit. En d'autres termes, c'est la notion communément rattachée au mot de possession, qui prédomine dans la *Gewere*. Tandis qu'Albrecht établit une sorte de hiérarchie, depuis la détention (saisine de fait) jusqu'à la propriété, M. Heusler estime que la possession germanique est toujours opposée au droit, alors même qu'à la pluralité des droits (nous reviendrons sur ce point) devra correspondre une pluralité de possessions.

Ce caractère de la saisine peut se constater dès la première phase du droit germanique. L'*investitura* des chartes franques, laquelle est synonyme de *Gewere*, n'est pas autre chose que la mise en possession. Or, la mise en possession tend, dès le milieu du huitième siècle, à se détacher de l'acte constitutif de l'aliénation, lorsque celui-ci, au lieu de se manifester, ainsi que cela avait lieu à l'origine, par une déclaration orale sur l'immeuble transféré, est consigné d'avance par écrit (1). Les mêmes mots d'*investitura* et de *Gewere* revêtent très-promptement le sens de possession, et ce dernier le conserve durant tout le moyen âge au double point de vue de la possession matérielle et de la possession juridique.

Tout en présentant ainsi une réelle analogie, la *possessio* et la *saisine germanique* ne coïncident pas néanmoins d'une manière absolue. Si la place occupée par la *possessio* dans le système juridique romain est remplie dans le droit germanique par la *Gewere*, celle-ci, subissant l'influence des caractères spécifiques de la législation, et, on peut dire, de la civilisation germanique, offre des traits particuliers et revêt une physionomie propre.

La *possessio* romaine, proprement dite, correspond au droit unique de propriété et exige constamment l'*animus domini*. La *Gewere* résulte de la jouissance (*Nutzung*) que l'on tire du bien-fonds, et cette jouissance peut se rencontrer vis-à-vis des situations juridiques très-variées dans lesquelles se décompose le droit réel de domination sur les choses.

L'organisme de la société germanique comprend, en effet, diverses sphères, dans chacune desquelles existe un pouvoir sur le bien-fonds, et, par conséquent, une *Gewere*, qui en est l'exercice de fait. Au droit national (*Landrecht*) appartient la saisine du propriétaire allodial et celle du seigneur féodal; — au droit féodal, celle du vassal; — au droit patrimonial (*Hofrecht*) enfin, celle du censier et de l'emphytéote. Outre

(1) Le nom de *traditio*, donné à cet acte, a pu jeter quelque confusion sur sa véritable valeur et sur celle de l'*investitura*. On distingue néanmoins avec soin les *testes traditionis* et les *testes investituræ*.

ces ressorts juridiques distincts, on peut encore reconnaître une saisine en mains de l'engagiste, en mains du tuteur, en mains de la douairière (tout au moins après la mort de son mari). Il n'y a donc pas nécessairement, on le voit, comme dans la possession romaine, un *animus domini*. L'*animus* du vassal, du censier, suffit pour baser la *Gewere*. Ce qui, en définitive, caractérise la possession germanique, c'est la jouissance, que l'on obtient du bien-fonds ; et, grâce à ce *criterium*, la saisine a plus d'étendue, comporte plus de variétés que la possession romaine. Partout où se rencontre la jouissance, il y a saisine, tandis que cette dernière peut ne point exister entre les mains du propriétaire lui-même ; c'est le cas, par exemple, du débiteur vis-à-vis de l'engagiste. D'autre part, l'administrateur, le locataire d'une maison sont détenteurs, mais ils n'ont point de saisine ; celle-ci, en un mot, est la possession reposant sur la jouissance d'un fonds, et accompagnée de la volonté d'exercer sur ce fonds le droit correspondant à cette jouissance.

Nous venons de parler de biens-fonds, qui peuvent être considérés comme les objets les plus habituels de la saisine ; mais le droit germanique ne distingue pas la possession des choses et celle des droits ; c'est là une seconde différence d'avec le droit romain. Il a donc admis la saisine de droits, lorsque ceux-ci comportent une jouissance, alors même qu'ils n'offrent aucune assiette immédiate sur un immeuble.

Aux différences entre le droit romain et le droit germanique, relatives au caractère général et à l'étendue de la possession, viennent s'en joindre d'autres concernant l'acquisition de cette possession, les conditions de sa durée, et les effets qui lui sont attribués dans la procédure. Enfin, la vraie saisine d'an et jour, tout en rappelant la notion de prescription acquisitive, se rattache, par son principe fondamental et la durée du délai, à un ensemble d'institutions germaniques. Ces divers points doivent être rapidement passés en revue, en ne tenant compte, d'ailleurs, que de la saisine des biens-fonds.

La *Gewere* s'acquiert par l'occupation, par le transfert de la possession, enfin par la succession.

L'occupation joue surtout un rôle dans la période franque ; plus tard on peut pratiquement en faire abstraction.

Le transfert de la possession exige une possession effective, mais n'implique pas toujours un *ducere in corporalem possessionem* ; il peut s'accomplir, par exemple, par la dénonciation du nouvel acquéreur aux cultivateurs du fonds, etc... Cette entrée en possession doit être distinguée de l'acte constitutif du transfert de droit (pour lequel le nom de *Gabe* a remplacé celui de *traditio*) ; en outre elle ne dérive point de l'acte solennel de l'*Auflassung*, c'est-à-dire d'une sentence rendue par les tribunaux, en suite d'une contestation fictive. Cette sentence ne produit pas plus la *Gewere* que ne le ferait une décision judiciaire sérieuse : c'est, tout au moins, la thèse fortement soutenue par M. Heusler, qui se sépare, à ce sujet, de l'opinion formulée par Albrecht et par d'autres auteurs.

Le troisième mode d'acquisition n'existait point en droit romain ; il ne se présente même que postérieurement à la période franque ; mais dès lors, et jusqu'à nos jours, il constitue un trait caractéristique du droit germanique. Il s'agit de la saisine héréditaire. Du reste, si l'on tient compte des principes germaniques accordant aux héritiers du sang une perspective légale sur les biens du défunt, si l'on tient compte, également, des faits économiques, tels qu'ils se produisent habituellement dans la vie réelle, on reconnaîtra que cette saisine peut, à certains égards, se rattacher à la notion romaine de l'acquisition de la possession. L'héritier, alors même qu'il ne serait pas rigoureusement détenteur, trouve, dans sa position juridique, la possibilité assurée d'exercer un pouvoir de fait sur les biens de l'hoirie. S'il y a fiction, la fiction se retrouve dans la théorie tout entière de la possession, dès que l'on peut admettre celle-ci en dehors de la détention matérielle, dès qu'elle repose sur une conception intellectuelle.

A un autre point de vue, cet élément de fiction est plus accentué en droit germanique qu'en droit romain. Nous voulons parler de la durée de la possession et de la règle d'après laquelle la saisine se conserve entre les mains de celui qui l'a acquise, alors même qu'il en aurait perdu la détention ; il continue, malgré la *dejectio*, à jouir des avantages juridiques de la saisine.

Ces avantages consistent essentiellement dans l'interdiction de toute atteinte qui serait portée à la saisine et dans la qualité de défendeur à laquelle elle donne droit dans les contestations judiciaires relatives aux biens-fonds. D'après les principes de la procédure germanique, les actions sont dirigées, en effet, non point contre le détenteur comme dans le droit romain, mais contre celui qui a la saisine ; en outre le rôle du défendeur diffère dans les deux systèmes juridiques. Le défendeur romain est entièrement passif ; c'est l'*actor* qui a l'obligation de prouver son droit. Dans le droit germanique, au contraire, cette preuve constitue un bénéfice pour le défendeur investi de la saisine : il est admis à prouver la légitimité de sa possession. Il a ainsi plus de chance de conserver le bien-fonds que n'en a le demandeur privé de la possession juridique. Il sera donc très-important, lors d'un procès sur un bien-fonds, de rechercher laquelle des parties en cause a la saisine, et laquelle, par conséquent, peut jouir du bénéfice qui en résulte. C'est même en vue de ce seul avantage que le droit germanique garantit judiciairement la possession. Tandis que dans le droit romain l'*interdictum retinendæ possessionis* est invoqué même contre un trouble partiel apporté à la possession, par exemple contre un acte qui pourrait résulter d'une servitude prédiale, le droit germanique ne s'occupe de la question possessoire que lorsqu'il est impossible, dans une contestation sur un immeuble, de déterminer, sans une investigation spéciale, quel est celui qui doit jouer le rôle de défendeur, c'est-à-dire seulement lorsque la possession est incertaine, ou lorsqu'il y a eu *dejectio ;* et souvent on ne distingue pas, d'une manière très-précise, le possessoire et le pétitoire.

Dans le premier cas les deux parties s'attribuent l'une et l'autre la possession. Deux voisins, par exemple, en désaccord sur la limite, veulent faucher la même prairie et prétendent chacun la posséder : deux propriétaires réclament des redevances du même censitaire, ou lui saisissent des gages, etc... Il faut savoir, avant tout, qui possède, dans le sens juridique du mot.

Le juge doit donc rechercher les actes caractérisant la *Gewere.* S'il ne les constate que chez l'un des prétendants, la question est vidée ; s'il les rencontre chez l'un et l'autre, il examinera chez lequel la possession remonte le plus haut. En cas de doute on convoque un jury de voisins qui constate, par la majorité, lequel des deux personnages en litige est possesseur : *Cujus autem possessionis major turba sit testis, hujus sit possessio.* (Vetus auctor, *de beneficiis*, I, 98). Enfin, lorsque le jury ne décide rien, on s'en remet au serment de chaque partie et l'on partage ce que toutes deux affirment leur appartenir (règlement de limites) ; ou bien l'on recourt au jugement de Dieu.

La *dejectio*, avons-nous dit, n'enlève point la saisine. Ce principe du droit germanique contribue à relever l'idée et la puissance du droit de possession vis-à-vis du fait matériel. Cette pensée qui, à l'origine, appartenait probablement au droit romain, a été abandonnée par l'introduction de l'*interdictum recuperandæ possessionis;* mais, en Allemagne, elle s'est fortement maintenue. Une *dejectio* subie ne prive point de la saisine, mais sert à en constater le plus ancien titulaire ; et le fait ensuite duquel il a été privé de la possession est envisagé comme une espèce de trouble. Lorsque la preuve de la *dejectio* a été fournie, tantôt on rétablissait l'ancien état de fait, et tantôt on se bornait à le reconnaître en droit. Mais le *dejectus* doit intenter son action dans l'an et jour, car, passé ce terme, l'adversaire jouirait du bénéfice de la vraie saisine.

C'est ici le moment de faire connaître cette institution, qui a, pour l'ensemble du droit sur les choses, une grande importance, et qui se relie, en outre, à un délai caractéristique que l'on retrouve, au moyen âge, dans un grand nombre de matières de droit.

M. Heusler considère la saisine d'an et jour (*Rechte Gewere*) comme une addition à la notion de la saisine, beaucoup plus que comme un de ses éléments constitutifs. Inconnue durant la période franque, elle apparaît seulement à l'époque des coutumiers. Le délai d'an et jour remplace alors la prescription trentenaire; mais, d'autre part, il n'enlève pas l'obligation d'affirmer, par serment, une possession légitime.

La vraie saisine appartient à quiconque, durant le délai dont il s'agit, a en mains une saisine appuyée sur un titre vrai, alors même qu'elle n'est point accompagnée de détention. On compte dans le délai la possession de l'auteur ou du défunt.

Il n'est pas nécessaire que durant l'an et jour l'*Auflassung* ait été accomplie, sauf toutefois dans le droit de Magdebourg, qui exige cette formalité judiciaire.

La *Rechte Gewere* est-elle contestée, celui qui l'invoque devra en faire la preuve, en ajoutant à son témoignage celui de six personnes : *septima manu* (*si septimus per annum se probaverit possedisse*).

La possession d'an et jour dûment constatée, la question d'acquisition de la propriété est vidée; néanmoins le défendeur, nous venons de le dire, peut être astreint à prêter serment.

Quant à l'origine de la vraie saisine, M. Heusler ne saurait la trouver directement dans le titre 45 de la *Lex Salica*, d'après lequel celui qui s'établit dans une *Villa* ne peut, après l'expiration d'un délai d'an et jour, être forcé de la quitter. Mais le droit consacré dans ce titre et la saisine d'an et jour sont deux institutions analogues, manifestant, l'une et l'autre, une idée très-répandue dans la législation germanique, à savoir, qu'un droit est éteint lorsqu'on n'en a pas usé durant un délai déterminé, délai généralement fixé à une année. Il serait plus vraisemblable d'envisager comme le prélude historique de la vraie saisine un autre texte dans lequel cette même idée se révèle également : le capitulaire de l'an 803 sur la procédure par contumace.

II

Malgré l'identité des notions fondamentales nous avons constaté divers points de différence entre le droit romain et le droit germanique en matière de possession.

Or, sur tous ces points, lors de la renaissance du droit romain en Italie, le droit germanique a fait sentir son influence. En formulant la théorie de la possession, les jurisconsultes italiens sont dominés, souvent à leur insu, par la pratique du droit germanique et féodal, et lorsque cette théorie pénétrera en Allemagne, elle y trouvera un accès d'autant plus facile, qu'en s'altérant à certains égards, au point de vue de l'ancienne doctrine romaine, elle pourra mieux se plier aux exigences de la vie réelle.

C'est ainsi que les glossateurs ayant devant les yeux les rapports du seigneur et du vassal, du propriétaire direct et de l'emphytéote, attribuent au premier la *possessio civilis* (*ratione sui juris possident*), et au second la *possessio naturalis* (*naturaliter tantum possident*).

C'est ainsi que la procédure désignée sous le nom de *possessorium ordinarium* se sépare de l'interdit romain pour donner accès à quelques éléments germaniques. On a voulu, par la présomption de durée de l'ancienne possession, éviter les recherches difficiles sur la possession actuelle. La nature des biens-fonds et des droits rendait d'ailleurs extrêmement délicate la constatation du droit à un instant donné, car il pouvait y avoir des faits de possession des deux côtés. La procédure italienne résultait de l'état économique du moyen âge, auquel étaient intimement rattachés les principes germaniques.

Enfin, les statuts municipaux italiens (de Vérone, Modène etc.) ont de tout temps admis la saisine de l'héritier comme elle l'était en Allemagne, et la jurisprudence, ne pouvant résister à cette règle, a donné à la saisine de l'héritier le nom de *possessio civilissima*.

III

Durant la période franque les mêmes principes régissaient, en matière de possession, l'ensemble des territoires qui se rattachèrent plus tard, les uns à l'Allemagne, les autres à la France, et cette communauté de règles de droit se maintint durant la plus grande partie du moyen âge.

La *saisine* (ce nom remplace en France, dès le onzième siècle, celui d'*investitura*) est identique, dans sa notion fondamentale, à la *Gewere*. Elle désigne, comme celle-ci, la possession manifestée par la jouissance. Elle se diversifie, comme celle-ci, d'après les différentes formes de domination sur un bien-fonds, et l'on parle de la saisine du vassal, de l'engagiste, du censier. Elle s'applique aux droits aussi bien qu'aux immeubles. Enfin elle s'acquiert par les mêmes modes que la *Gewere* (1), notamment par la succession, car le principe de la saisine héréditaire avait été pleinement admis : on l'envisageait comme résultant de la coutume générale du royaume (2).

Contrairement à une opinion très-accréditée, M. Heusler estime que l'abandon judiciaire ne peut, à lui seul, fonder la *saisine*, de même qu'il ne suffit point à créer la *Gewere*. Cependant, il reconnaît que souvent il est question de l'investissement par le seigneur, investissement qui, même, a été désigné sous le nom de *saisine*. Mais cet acte, suivant lui, provient de ce que les jurisconsultes français ont presque toujours en vue des biens-fonds dépendant d'un seigneur, et que l'autorisation donnée solennellement par celui-ci est nécessaire pour donner une valeur légale à sa possession matérielle, laquelle n'en reste pas moins la condition de la *saisine*. On se trouve en présence d'un régime juridique analogue à celui que le droit particulier de Magdebourg a introduit en Allemagne; mais dans l'un, pas plus que dans l'autre, l'acte judiciaire seul n'établit la *saisine*.

La procédure était, à l'origine, la même qu'en Allemagne. Il n'y a pas séparation précise du possessoire et du pétitoire : le juge statue à la fois sur ces deux points, en attribuant à celui qui est reconnu comme possesseur les priviléges de la preuve.

Enfin, les statuts d'un grand nombre de villes du Nord de la France nous offrent une prescription d'an et jour, analogue à la *Rechte Gewere*, et même plus énergique que celle-ci, car elle sert à repousser toute action contre le possesseur

(1) Il suffit de citer à ce sujet un passage caractéristique du Grand Coutumier : « *Ils sont trois espèces de possessions suffisant à saisine; c'est* « *assavoir : possession acquise par occupation, possession acquise par suc-* « *cession, possession acquise par tradition de fait* (p. 231). »

(2) « *Si tost qu'il fut allé de vie à trespassement, et en fus saisi comme son* « *héritier plus prochain par la coustume générale du royaulme de France,* « *toute notoire, par laquelle le mort saisist le vif, son plus prochain héri-* « *tier.* » (*Grand Coutumier*, p. 525).

d'an et jour, sans même astreindre celui-ci à la prestation du serment.

Mais si la notion de la possession et les causes qui lui donnent naissance sont les mêmes en France et en Allemagne, une différence importante apparaît, dans le cours du moyen âge, entre ces deux contrées. Cette différence est relative à la garantie de la possession. Ce trait caractéristique, qui assure au droit français une notable supériorité sur le droit allemand, dérive, à son tour, du pouvoir d'enquête attribué au roi. Tandis que ce pouvoir, exercé par les monarques carlovingiens, disparut promptement en Allemagne, il se maintint, en Normandie et en France, comme le système des *recognitiones*, auquel se rattachait la procédure en matière de possession.

Pour comprendre la portée réelle de cette procédure, il faut nous transporter dans la Normandie, qui a été comme le berceau des actions possessoires du droit français. Les moyens possessoires, introduits par la législation normande, avaient pour but de substituer au duel judiciaire, envisagé comme dernière issue des conflits sur la possession, une procédure plus régulière, garantissant la sécurité publique. Cette procédure résulte, non point de l'ancien droit national coutumier, mais des attributs du souverain, lequel s'efforce de prévenir toute violence et de maintenir strictement la paix publique.

Le droit normand avait introduit plusieurs actions dont la diversité reposait non point sur leur portée juridique, mais sur le mode d'acquisition de la *saisine*. On distinguait la *querela dessaisinæ*, en faveur de celui qui avait été nanti lui-même de la *saisine*, et la *querela de saisina antecessoris* en faveur d'un héritier.

D'autre part, l'action possessoire n'offre aucune distinction correspondant à celle du droit romain entre les *interdicta retinendæ* et *recuperandæ possessionis*. C'est là une conséquence du principe ensuite duquel la *saisine*, de même que la *Gewere*, n'est pas perdue par la *dejectio* : la *dessaisina* comprend, à la fois, le trouble et la perte de la possession.

La procédure française a, comme le royaume lui-même, de modestes commencements. Si la couronne prend en mains la décision des matières possessoires, son pouvoir est tout d'abord restreint aux domaines immédiats du roi, et ne s'étend que peu à peu sur les autres contrées du royaume.

Les *novæ dessaisinæ* sont envisagées comme des violations de la paix publique, comme le sont les *placita mortis, mutilationis membrorum*, etc.

Les Établissements de saint Louis sont très-brefs sur ce sujet. Ils distinguent, comme le droit normand, la *nova dessaisina* et la *saisina antecessoris*. Ils admettent, en outre, que le *dejectus* a encore la *saisine*. En d'autres termes, la dessaisine et la simple *turbatio* ne sont pas séparées, et il eût été très-difficile de les séparer, vu la nature de la plupart des droits dont il s'agit.

Une autre règle indiquée, et dans laquelle on retrouve, à un point de vue spécial, le délai traditionnel, c'est qu'il faut intenter l'action possessoire dans l'année qui suit la *dessaisine*, ou la mort de celui dont on soutient être l'héritier. Les *Assises de Jérusalem* ont conservé toutefois la trace de l'ancien délai de quarante jours.

Le développement de la procédure possessoire est, en général, attribué à une loi nouvelle, à laquelle se réfère Beaumanoir, et qui semble ne point se confondre avec le § 28 de l'ordonnance de Philippe de 1277, dont il est question dans un autre passage des *Coutumes de Beauvoisis* (XXXII, §§ 3-7). M. Heusler estime que cette loi nouvelle n'est pas autre chose que les *Établissements de saint Louis*.

C'est Beaumanoir qui établit la nécessité, pour le *dejectus*, d'avoir été avant la *dejectio* en saisine *an et jor pesivlement* (XXXII, §§ 2, 3, 7). — Ce délai paraît être la traduction abstraite, artificielle, du principe normand, qui, pour constater une possession digne d'être protégée, tient compte de la possession au dernier mois d'août.

Depuis Beaumanoir diverses modifications ont été opérées dans le système des actions possessoires.

1° On a définitivement fusionné trois actions jusqu'alors désignées sous les noms de : la *force*, la *nouvelle dessaisine*, et le *nouveau trouble*, en un seul remède judiciaire appelé *trouble*, et cette fusion d'éléments distincts fait bien ressortir le principe germanique d'après lequel le *dejectus* conserve la *saisine*.

2° On distingue la possession d'an et jour à laquelle le nom de *saisine* est particulièrement réservé, et la possession simple, qui garde le nom de possession.

Aux quatorzième et quinzième siècles, les écrits des jurisconsultes offrent un incroyable mélange de droit romain et de droit national, et constatent, en outre, l'introduction de divers moyens possessoires sommaires.

On doit maintenant se demander dans quelle mesure la procédure, en matière d'actions possessoires, a influé sur la théorie même de la possession et rechercher, en particulier, si l'exigence de la possession annale n'a pas modifié la notion de la *saisine*, en excluant, par exemple, son acquisition par la simple appréhension.

Cette modification, si elle a lieu, ne saurait être bien considérable, car l'idée de la possession est demeurée la même, et l'on doit observer que la possession d'an et jour n'est pas exigée absolument, de la part de celui-là même qui invoque la *saisine*, puisqu'il peut compter à son profit la possession de son auteur.

Néanmoins, on ne saurait nier qu'il n'y ait eu quelque action exercée sur la théorie de la *saisine*. L'occupation ne procure la *saisine* qu'après l'an et jour, et ainsi la possession annale peut être envisagée comme un nouveau mode d'acquisition de la *saisine*.

Une certaine confusion paraît naître des sens très-différents dans lesquels le délai d'an et jour se rencontre, à propos de la possession et des actions possessoires.

1° Les statuts des villes du nord de la France nous offrent la *tenura per annum et diem*, qui procure une sorte de prescription acquisitive de la propriété.

2° La possession d'an et jour est nécessaire pour être admis à invoquer l'action possessoire.

3° La complainte doit être intentée dans l'an et jour qui suit la *dejectio*.

4° Et enfin l'action en propriété doit être intentée, durant le même délai, depuis la décision relative à la *complainte de nouvelleté*.

M. Heusler, qui appelle de ses vœux une étude complète sur l'emploi (et l'abus, ajoute-t-il) du délai d'an et jour dans le droit français du moyen âge, estime que les quatre institutions juridiques ci-dessus rappelées se rattachent à deux ordres d'idées différents. Les n°s 1, 3 et 4, reposent, ainsi que la *Rechte Gewere*, sur le principe d'après lequel le silence de la part d'un ayant droit entraîne, pour ce dernier, des conséquences préjudiciables; il est, en effet, privé des moyens de s'opposer à une action dirigée contre lui ou perd son action possessoire. Le n° 2, au contraire, a essentiellement pour but, de constater la véritable possession, et provient du développement juridique d'un terme normand se rattachant à l'exploitation agricole.

Mais une autre distinction peut être établie entre ces quatre délais. Tandis que le premier résulte de l'ancien droit coutumier, les trois derniers sont des prescriptions de procédure établies par les Ordonnances. Or, tandis que la plupart des auteurs français estiment que la *tenura* des statuts municipaux a été absorbée par la sphère possessoire, M. Heusler croit qu'elle a subsisté parallèlement aux délais de procédure, et qu'elle continue à se rattacher à un autre principe que ces derniers. Il fait observer que la durée du délai n'a pas toujours été la même dans les deux cas, et que, par exemple, les assises de Jérusalem combinent avec l'ancienne tenure d'an et jour, pour la protection de la propriété, le délai de 40 jours, pour intenter l'action possessoire. — D'autre part, cette prescription des statuts du nord de la France n'est point absolument identique à la *Rechte Gewere*, qui force le défendeur à un serment sur la légitimité de sa possession.

Tels sont, très-sommairement condensés, les résultats principaux que nous offre M. Heusler sur le droit de possession en Allemagne et en France durant le moyen âge. Nous avons dû n'aborder le droit italien que dans son influence sur les théories romanistes, et laisser de côté ce qui concerne l'Espagne, l'Angleterre et l'état actuel du droit en Allemagne. En outre, nous n'avons point traité ce qui concerne la possession mobilière, sur laquelle M. Heusler présente des vues très-originales, résumé d'une dissertation spéciale publiée par lui, antérieurement à son ouvrage sur la *saisine*. La nécessité, pour rendre compte de ces vues, d'en trer dans des détails techniques sur la procédure germanique, à laquelle M. Heusler rattache la distinction entre le droit sur les immeubles et celui sur les meubles, aussi bien que l'importance de cette question pour le droit français nous aurait conduit à des développements hors de proportion avec l'objet du présent article. Celui-ci, nous le répétons, n'a eu pour but que de signaler le caractère général des thèses soutenues par M. Heusler ainsi que l'intérêt historique et juridique qui s'y attache; mais, pour se rendre compte de la solidité de ces thèses et des conséquences qui en dérivent, c'est à l'ouvrage lui-même qu'il faudra recourir, et nous serions heureux d'avoir engagé quelques-uns de nos lecteurs à en prendre connaissance. Plus d'une opinion de détail de l'auteur pourra, sans doute, être contestée et modifiée. Mais ces recherches ultérieures, c'est son ouvrage qui les aura provoquées, et, à ce mérite, il joindra celui d'avoir entrepris, d'après les sources, pour une longue série de siècles, et pour la majeure partie de l'Europe, l'étude systématique d'une des notions les plus importantes et les plus délicates du droit civil.

Corbeil. Typ. et stér. de Crété.

www.ingramcontent.com/pod-product-compliance
Lightning Source LLC
LaVergne TN
LVHW010318230826
846091LV00009B/3716

* 9 7 8 2 0 1 9 2 8 4 7 7 0 *